Stopp Längs Vägen

Lillemor Pettersson

Förlag: BoD · Books on Demand, Östermalmstorg 1, 114 42 Stockholm, Sverige, bod@bod.se
Tryck: Libri Plureos GmbH, Friedensallee 273, 22763 Hamburg, Tyskland

ISBN: 978-91-8080-160-7

DALARNA

SPRINGKÄLLAN

Hitta hit: springkällan, Rättvik

Koordinater: 60.923234, 15.161300

1869 borrades här efter olja. Mitt i berget på ca 79 m djup påträffades ett vattenförande lager. Nere i marken är det främst skiffer. Ur ett rör i marken sprutar det nu vatten ca 4 m upp i luften som en fontän sommartid och en isskulptur på vintern.

STYGGFORSEN

Hitta hit: Från Rättvik åker du mot Furudal och i höjd med Boda följer du bara skyltningen mot Styggforsen.

Koordinater:
61.0072, 15.19153

Hela området är sägenomspunnet. Styggmannen är ett äldre namn på djävulen och vid forsen har det alltid bott troll och tomtar.

Men Styggforsen är skapad av ett meteoritnedslag för 377 miljoner år sedan. Det skapade en krater som var större än 5 mil bred. Berggrunden är sandsten och granit. Hela området är nu ett naturreservat. Många fina leder att vandra. Fallhöjden på vattenfallet är hela 36 meter. Du kan se det både uppefrån och nerefrån. Det är bara följa stigen.

RESTAURANG SIXTEN JÄRNBERG I LIMA
Hitta hit: riksväg 66 går rakt igenom Lima. Mellan Malung och Sälen.

En perfekt plats att rasta på. Hundar är välkomna.

Under restaurangen finns Sixten Järnbergs museum. Det är gratis att gå in. En fantastisk utställning med Sixtens priser, skidor, kort och mycket mer.

Sixten berättade om att han var tjurskallig och valde sina egna vägar som under vasaloppet 1955 när han blev vrång när de andra lät han sköta spårandet så Sixten började åka i cirklar runt träden och buskar bara för att jäklas.

 Eller när Sixten tog nacksving på en älg. Sixten berättade att han var tvungen att ta nacksving på älgen efter han skjutit den för att få ner den i mossan. När Sixten sen kom hem och berättade för sin granne vad som hänt så svarade grannen: Du är rolig du Sixten. Det är ju först imorgon som älgjakten börjar. Lika makalös var han om sina bucklor, troféer efter alla sina vinster. De låg alla i en hög i Sixtens hus. Sixten kallade allt blankskrotet och att de kostade han 7000 kr om året i försäkringar och att han borde göra som storlöparen Teodor Jonsson och sänka allt i en tjärn

Nu är det tur att Sixten inte gjorde det för nu kan du se priserna på museet. Sixten tog hela nio medaljer i Os och så många mer vinster så det går inte räkna upp här.

TELEFONKIOSKEN I TÄLLBERG

Hitta hit: vid Siljan mellan
Leksand och Mora.
Koordinater: 60°49'24.672, 60°49`24,672

Här står den vackra kurbitsen målade telefonkiosken. Ett klassiskt återbruk. Inne i kiosken en miniutställning av telefoner och vyn i bakgrunden är Siljan som tittar fram.

Ja många olika telefoner har funnits genom åren. Öppna dörren och se

HOLENS HEMBYGDSGÅRD I TÄLLBERG

Hitta hit: Holgattu 32, Tällberg

Här på Tällbergs högsta punkt ligger en samling byggnader från 1600–1800 talet.

Här bodde och verkade konstnären Gustaf Ankarcrona. Han designade. Bla. Tuppastaken som har anor från 1600 talet.

På Gustafs inrådan grundades här Holen Hembygdsförbund Dalarna 1915.

1934 Skänktes Holan till Leksands hemslöjdsföreningar och ägs idag av Leksands kommun. De besökande får nu se Ankarkronas ateljé och arbetsrum och alla verktyg som användes förr i jordbruket Det finns café för de fika sugna och makalös utsikt att skåda.

STORSTUPET

. Följ vägen över flygfältet, därefter skyltar till
åk norrut från Orsa väg 45 ca 3 km   - tag väg 296 höger mot
Skattungbyn-Voxna. I Mässbacken (efter ca 4 km) tag vänster vid skylt Orsa
Tallheds Flygplats/Storstupet
Storstupet

Här rinner Ämån norr om Orsa. En smal äldre järnvägsbro från 1902 uppförd av
Axel Björkman tronar hela 34 m över ån tronar inlandsbanan. Äldre
flottningsanläggningar finns kvar.

CALTEXMACK UTANFÖR RÄTTVIK

Hitta hit: Stumsnäs byväg 135 i Vikarebyn

Koordinater: 60,87861, 14,93769

Här får ni uppleva nostalgi på hög nivå. En Privatperson engagemang visas upp.

Själva Caltex fanns endast i Sverige mellan åren 1947–1967, sen blev namnet Texaco.

Uppland

Dragon Gate

Hitta hit: Granne med E4 vid Älvkarleby

Från början hette det hotell Älvkarlen men bytte senare namn vid ett ägarbyte. Numera står det tomt och öde. Dragon Museum har en översikt om Kina och dess utveckling. Museet har genom sitt samarbetsmuseum i Xi'an fått ca 200 kopior av terrakottasoldater i originalstorlek. Dessa utgör en utställning om terrakottaarmén och Kinas första kejsare

WIKS SLOTT

Hitta hit: 20 km sydväst om Uppsala. Riksväg 55 och sväng av mot länsväg c 591 som leder från Uppsala eller Enköping mot Vik.

Koordinater: 59°44´10.0, 17°27´45.2

Slottet byggdes som en försvarsborg omkring 1450 av släkten Bielke. På 1500 talet huserade Knut Nilsson slottet och 1521 belägrade Gustav Vasa ett litet hus som då försvarades av Knut Nilsson. Belägringen varade i 1 år.

1923 köpte Uppsala läns landsting slottet. Nu idag är Wiks slott en av Sveriges bäst bevarade medeltidsborgar.

Men vad vore ett slott utan spöken och sägner? Det sägs att gamla fru Ramborg syns om nätterna när slottsuret slår hela tretton slag. Då vaknar hon ur sin 700-åriga sömn och visar ett blekt ansikte i något av fönstren på slottet. Hon står där och ser ut över sina ägor. Enligt sägnen var hon en viljestark kvinna som fått sin stora rikedom genom att ha rövat skatter från trollen. En dag hade hon tagit sin tjänare Åke med sig och begivit sig in i Kumla trollberg. Under högmässan medan trollen sov rövade de bort deras värdefulla guldskatter. Men fru Ramborg ville ha mer guld och skickade in Åke i berget en sista gång innan trollen vaknade, men han dröjde så länge att trollen hann vakna och när hon drog i repet han fäst om sin midja kom Åkes livlösa kropp ut utan huvud. Fru Ramborg vakar ännu över sin troll skatt och den lär finnas nergrävd i slottsparken. Om natten svävar en kvinnogestalt över platsen, men hennes skepnad försvinner om man närmar sig.Det kan också vara Anna von der Grünaus vålnad som nattetid ibland visar sig på gräsplanen i slottsträdgården. Hennes tid på Wiks slott blev kort och olycklig:"Som nybliven änka är Anna von der Grünau en vinterdag 1612 på väg till Skokloster. Hennes väninna fru Wrangel har skickat en fogde över isen för att hämta henne. Anna har fem tjänare i följe, men Mälarens isar är farliga och både fogden och Anna hamnar i en vak. Fogden sjunker men frun som ännu uppehölls av sina kläder, kom icke under isen utan flöt på vattnet, hvaröver de fyra bönderna och pigan så förskräcktes att de sprungo halfannan fjärdingsväg tillbaka och lämnade den stackars frun i sticket mellan isflingorna där hon vid deras återkomst fanns död och ihjälfrusen" (Ur boken Wik av Märta Nordlinder). Anna kom från Österrike, hade långt svart hår och svarta ögon. Dessutom förstod inte gårdsfolket vad hon sade eftersom hon talade tyska. Man trodde att hon var en häxa. Än idag kan man höra skrik över sjön på nätterna. De som bor i närheten har flera gånger vaknat av ljud utifrån viken som "varken kommer från ett djur eller en människa". Men det är som sagt inte bara Anna von der Grünau som lever kvar på Wiks slott. Det finns gestalter som varit synliga på borggården, stolar som dras över golven i slottet och det finns berättelser om både Vita Frun och Svarta Frun. Vaktmästaren går varje kväll sina vanliga ronder och släcker och låser överallt. Men på morgonen lyser det alltid i ett visst rum i ett av hörntornen.

Linnés Hammarby

Hitta hit: Från E4 förbi Uppsala tag avfart 187 och kör väg 282 mot Edsbro. Ta sen höger mot Danmark och Linnes Hammarby

Koordinater: 59.8175, 17.776389

Linnés Hammarby är en av Sveriges mest bevarade 1700-talsgårdar. Carl von Linné köpte gården 1758 som en tillflykt från Uppsalas osunda miljö. Här syns både Carl von Linnés privatliv och hans vetenskapliga gärning. Promenera sommartid i den vackra trädgården och se många av de växter Carl odlade själv.Familjen första bostad på Hammarby var det som idag är den västra flygeln. Här bodde man i väntan på att en ny huvudbyggnad skulle bli färdig. Det nya boningshuset byggdes av trä i två våningar och stod klart 1762. Västra flygeln blev sedan arrendatorsbostad, medan östra flygeln användes som brygghus och bagarstuga.

Efter den stora branden i Uppsala 1766 vågade Linné inte längre förvara sina värdefulla föremål i Uppsala. På höjden bakom gården byggde han ett mindre hus av sten, som blev som ett litet museum. Samlingarna blev säkra där för både brand och översvämningar. "Mitt palats i himlen" kallade Linné det lilla stenhuset, där tillbringade han mycket tid och bedrev undervisning där.

När Carl hade fyllt 50 år året1757 adlades han av kungen och antog då namnet Von Linne.

SÖDERMANLAND

SÄFSTAHOLMS MODERÄPPLETRÄD

Hitta hit. Mitt i Vingåker bakom Säfstaholm slottets orangeri på andra sidan vägen om slottet.

Hela området där trädet står var under 1800 talets första hälft en plantskola för fruktträd.

Plantskolan ägdes av Greve Gustav Bonde som då ägde Säfstaholms slott.

Säfstaholmsträdet groddes ien kärnsådd av den tyska trädgårdsmästaren Wronstein på 1830 talet nån gång.

När trädgårdsmästaren Bern stuge Olle hade satt yxan mot trädet tog han ett äpple och smakade, då stoppade han nedhuggningen. Detta skedde år 1851.

Trädet står kvar och 1921 försågs det med en metallplatta och hägnades in och fridlystes.

Trädet finns nu spritt i Sverige och grannländerna.

HÖGSJÖ GÅRD

Hitta hit: i Vingåkers kommun ligger Högsjö

Koordinater: 59°1.49, 15°41,4.8

Själva herrgården är privat men hyr rum för övernattning.

Till gården hör privat kapell som nu hyrs ut ex. Dop, bröllop.

ut

ett

till

Kapellet har anor från 1700 talet och ligger mittemot Högsjö gård på andra sidan vägen.

Granne med själva gården på dess samma sida av vägen ligger fatburen i trä. En ålderdomlig byggnad som byggdes för att obehöriga skulle ha svårt att ta sej in i byggnaden. Byggnaden var som ett förråd för kläder, linne och andra dyrbarheter. Idag finns Högsjö gårds äldre räkenskaper och böcker där. Även bitar av huggen sandsten med klassicistiska motiv och stenhuggarmärke.

Fortsätter man på vägen förbi fatburen kommer du till Högsjö gamla järnbruks byggnader.

Järnbruket ligger vid Ölången och järnbruket var aktivt från 1638 till 1870 med en masugn från 1728.

Skolan byggt 1785. Det byggdes som tjänstebostad till järnbrukets

befattningshavare. Det byggdes senare ut och fick övervåning. Då bruket anställde läkare som hade både bostad och mottagning här. Sen blev det skola med bespisning och inackordering för långväga barn. 1959 stängde skolan här i huset och fick nya lokaler.

Detta hus byggdes 1801 och i det bodde brukets smeder.

Om man går omkring i området får man se brukets stallar, bykstuga, smedja där Anders Tolf var den sista handsmedjaren. Anders dog 1895.

TAXINGESLOTT – NÄSBYSLOTT

Hitta hit: Nykvarns kommun

Koordinater: 59°14.49, 17°18,33

Själva namnet Näsby går så långt tillbaka i tiden som till vikingatiden. Det finns ett dokument sparat som det står att Magnusladulås bror skänkte Näsby till domkyrkan i Strängnäs.

Förr under medeltiden bodde inte själva ägarna på gården utan att äga mark var för att placera pengarna och marken arrenderades ut. I ägarlängden till Näsby gård finner vi riksdrotsen Bo Jonsson Grip, kung Albrekt Meklenburg handgångne man.

Senare kom Näsby gård till unionsdrottningen Margareta och till riksföreståndaren Sten Sture den äldre och sen till klostret Pax Marie som gav Mariefred sitt namn. Men där stannade inte gården hos klosterbröderna utan nu kom gården i Vasaättens ägor. Änkedrottningen Hedvig Eleonora ägde gården ett tag innan hon skänkte den till Johan von Westhpal.Att vi nu vill åka dit är nog för att slottet har Norra Europas största kakbuffé med minst 65 olika sorters hembakat kaffebröd och i slottscaféet får gästerna slå sej ner i slottets bibliotek.

Numera benämns Näsby slott som kakslottet.

I slottets park finns lite att upptäcka som detta näverhus som var ett lusthus på 1700 talet.

Några gäster som säkert spatserat runt i parken är Carl Michael Bellman, Oscar II, August Strindberg och Ingemar Bergman för att nämna några.

Ingemar Bergman spelade in Viskningar och rop här i omgivningarna 1972.

Den kinesiska paviljongen hade från början tre våningar. Den byggdes 1850. I parken finns även en turkisk kiosk.

Drottning källan

Vägen mot slottet, straxt efter
järnvägsövergången ligger Drottning källan.
Det är en källa där vattnet rinner mot norr och
förr trodde folk att källan hade en läkande
kraft.

Namnet Drottning källan kom till efter år 1563
till 1567 då hertig Johan Vasa och hans gemål
som var den polska prinsessan Katarina
Jagellonica satt fängslade på Gripsholms slott
på order av kung Erik XIV som var halvbror till
den fängslade hertigen. Katarina var rädd att
sin man Johan skulle bli förgiftad så dagligen
kom hon till denna källa för att hämta vatten.

Till Katarina Jagellonicas minne reste man en sten och källan döptes till Drottning
källan efter henne som senare blev Drottning.

Även fåglarna har ett eget hus vid slottet.

TAXINGE KYRKA

En av ägarna till Taxingeslott var hauptmannen Johan von Westphal som lät uppföra en kyrka som stod klar 1704. Det sägs att enligt traditioner att kyrkan ska ha varit krutmagasin. Men kyrkan förföll och under 1800 talet och året 1861 bestämde man att bygga en ny kyrka och den ritades av Adolf W. Edelsvärd och invigdes 13 december 1863.

Själva tornet på kyrkan härstammar från Åkers styckebruk precis som

Riddarholmskyrkans torn i Stockholm gör. Ursprungligen fanns det gravar runt kyrkan men numera ör gravstenarna bortplockade men själva gravarna finns kvar under gräset.

Men finns det slott kyrka och park som har några spökhistorier? Här i Taxinge florerar om ekträden i allén med inte rykten som i berättelserna kallas spökbacken. Det sägs att på natten lär en dam i vitt besöka en av ekarna och en man som promenerade förbi la märke till en gubbe som satt på en sten längre upp i spökbacken. När han ropade till den sittande mannen upplöstes han ur tomma intet.

En annan historia om märkliga ljusfenomen utanför kyrkan på natten som ingen kan förklara och flygande märkliga svarta gestalter i luften.

GRIPSHOLMS SLOTT

Hitta hit: åk in mot Mariefred och ni ser dess röda murar mot Mälarens bakgrund.

På 1300 talet uppförde riksdrotsen Bo Jonsson Grip en borg och det är efter Grip slottet fick sitt namn. Det sägs att Grip skar ut barnet ur sin döende fru för att vara säker på att få ärva henne.

Men slottet vi ser idag uppfördes av kung Gustav Vasa år 1537 av byggmästaren Henrik von Köllen.

Många kända personer har suttit fängslade i slottet men under Gustav III tid var det ett rikt hovliv här.

Året 1781 rev Gustav III ur slottskyrkan och ersatte den med en teater i det tornet.
Numera inrymmer hela slottet statens porträttsamling med 5000 verk.

Inre borggården med slottsbrunnen.

Slottsteatern

Här sägs det spöka ordentligt med röster, hånskratt och iskalla skepnader. Spökar gör det över hela slottet men precis hör på teatern ska det vara värst där ingen vill spendera natten. Se bild

Östergötland

NÄSSJA GRAVFÄLT OCH DOMARRING

Hitta hit: åk söderut från Vadstena, väg 919. Sväng in till höger väg 941 mott Nässja.

Koordinater: 58°27.54, 14°48.3

Totalt består gravfältet av 23 stycken fornlämningar. Vi parkerade bilen vid kyrkan och promenerade runt.

Här finns spår från medeltiden ca 5700 år sedan fram till ca 1000 år sedan.

Nässja Domarringar

Stenkretsen är 44 meter lång och 18 meter bred och ligger mitt i en djurhage.

Den består av 24 större stenar som är sammanbundna med en två till tre meter bred vall. Ibland kallas den för domarring och ibland för skeppssättning men stenar kan vi nog alla enas om. Närmast påminner formen om ett långhus med rundade gavlar. Även måtten stämmer ganska väl överens med ett långhus från järnåldern.

NÄSSJA KYRKA

Kyrkans äldsta delar härstammar från 1150. Taket är i träspån och själva kyrkan är byggd i sandsten.

Självaste altartavlan är målad 1701 av någon okänd.

Dopfunten är i sandsten och kanske är från kyrkans byggnad. Det är en liten fin kyrka väl värd ett besök.

I Nässja berättas en historia om en Anders Johansson som levde i Nässja på 1700-talet. Han var gift med Britta. En dag försvann Britta och ingen visste var hon var. Efter en tid kom hon tillbaka och berättade att trollen hade fört henne till ett berg. Där hade hon satts att mjölka 18 vita kor. Efter att hon lyckats fly kom hon tillbaka. Kyrkoherden blev vrång när han fick höra historien. Han tyckte inte om vidskepelse och lögner. Britta blev kallad till förhör hos prästen. Britta erkände att allt var påhittat. I själva verket hade hon gömt sig i ett uthus dit pigan burit mat till henne. Orsaken till att hon försvann var att Anders var hård och livet i hemmet hade blivit outhärdlig för henne. Efter en tid fick Anders brev från trollen. De hotade med att röva bort Britta för gott om inte Anders blev en bättre make. Om Brittas make blev snällare förtäljer inte historien.

Stavrebergs stenkyrka

Hitta hit: Stavreberg, Ödeshög.

Koordinater: 58.143745, 14.595596

Den lilla miniatyrkyrkan byggdes redan 1852 av 11 årige Frans Johansson och hans bröder. De hade säkerligen hjälp av någon vuxen med.

Tidigare på samma plats hade det funnits en mindre

kyrkbyggnad. Enligt en äldre sägen hade den kyrkan byggts av en tidigare bonde på gården till minnet av sin dotter som dog i unga år.

Familjen Johansson drabbades 1857 hårt. Pappan Johannes och sonen Karl dog i rödsotsepidemin. Frans som då var 16 år överta ansvaret för gården och bodde där fram till sin död 1921.

Varför denna kyrka byggdes vet man inte men från början hade den lilla kyrkan fyra fönstergluggar. Redan 1940 rasade fönstren på framsidan och vid 1970 talet rasade ytterligare ett fönster. Vintern 2002 rasade taket in. Förr gick det att krypa in i kyrkan men nu är rasrisken för stor.

Vadstena Folkets Park – Skulpturpark

Hitta hit: Skänningegatan, Vadstena

En skulpturpark som skapades för att rädda Folkets park. Uppdraget gick till konstnärer från Östergötland och teman på skulpturerna bestämdes var: Sveriges folkparkers minnen och historia.

Konstnärerna skulle inspirera ungdomar och barn. Året 2021 stod parken färdig för publiken och grundarna är Ida Olai och Nada Tendzeric.

Bild nedan: konstverket "fighten" av Olle Schmidt och lite fightande har det nog varit i de flesta folkets parker.

Kurtiserande marskatter av Tjåsa Gusfors

Hästholmen

Hitta hit: vid Vättern i Ödeshög kommun

Koordinater: 58°16.43, 14°38.31

När Alvastra klostret grundades år 1143 blev Hästholmen stor betydelse som hamn, köpstad och även marknadsplats. På 1300 talet var Hästholmen en stad med eget stadssigill.

Trafiken var livlig ända tills slutet av 1300 talet då Vadstena kloster stod färdigbyggt.

Året 1716 landsteg Karl XII när han var på väg till sin syster i Vadstena. Jag nämner även två tragedier, som den stormiga novembernatten 1818 då ångaren S/Sper Brahe förliste utanför Hästholmen. Ångfartyget var fullastat med varor som inte var förankrade och målaren John Bauer med fru Ester och sonen Putte drunknade när båten sjönk. Bauers fru vågade inte ta tåget och därför valde familjen ångbåten när de skulle flytta från Gränna till Stockholm. Troligen försökte John ta sej ut då de hittade han utanför hytten. I hytten fann man Ester kramandes Putte.

Här ute förliste ångbåten.

På vägen ner till hamnen sitter en skylt. Följ den så kommer du till de ca 3000 gamla hällristningarna. Hästarna på bilden stod för rikedom och makt. Hästar hade dessutom gudomlig status under bronsåldern. De dyrkade solen och trodde den drogs av hästarna i himlavalvet.

Roglösa kyrka

Hitta hit: Roglösa, Borhamn

Koordinater: 58.382814, 14.743315

Under århundraden har kalksten brutits i Borghamn men i dess hamn ligger nu säkert några fiskebåtar för nu bryts det ingen kalksten längre. Under tidiga medeltiden producerades byggnadsmaterial till traktens kyrkor. Just Roglösa kyrka visar ett tydligt inflytande från Alvastra klosterkyrka. I kyrkan har man funnit trävirke från år 1050.altarskåp från 1400 talet

I syd portalen sitter den berömda Roglösadörren. En tradition säger att den är rövad från Drottning Ommas Borg. På Ombergs sluttning finns rester av fornborgen. Överst på dörren syns en jaktscenerna, kanske från en hubertusjakt. Jaktmotivet kanske har anknytning till Ombergs djurgård och betonar människan som skapelsens krona.

Eller kan det vara en bild från paradiset?

Dörren är vetenskapligt undersökt och timret är från 1275.

De övriga ornamenten som syns på dörren består av liljor, blad, ringar och så vidare. nederst en framställning av syndafallet i Edens trädgård med Eva, kunskapens träd och ormen. Man skymtar också djävulen och ängeln Mikaels strid med draken. Bara fantasin sätter stopp vad dörrens motiv betyder.

KUNGS NORRBY SLOTTSRUIN

Hitta hit: Ta väg 34 utanför Borensbergs. Norr om passagen över Göta kanal och Motala ström, ta av mot Bjärka. Efter ca 1,5 km ligger ruinkulken på vänster sida av vägen.
Koordinater: 58°33.12.2, 15°20.22.5

Bilden visar hur slottet såg ut, denna gjordes år 1700

På 1400-talet ägdes Norrby av Linköpingsbiskopen Kettil Karlsson som tillhörde Vasaätten. Biskopens bror Erik gjorde gården till sin sätesgård och den ärvdes sedan av hans dotter Ebba som gifte sej med riksmarsken Erik Abrahamsson Leijonhufvud. Deras dotter, Margareta Leijonhufvud, kom att bli kung Gustav Vasas andra hustru och gården bytte namn till Kungs Norrby. På slutet av 1540-talet började Gustav Vasas svärmor Ebba att bygga ett stenhus på gården. Efter hennes död slutfördes bygget av Gustav Vasa. År 1554 skriver fogden till kungen att det var dags att lägga tak på det nya stenhuset. Huset stod bara i 14 år innan det plundrades och brändes av den danska hären. Det skedde under Daniel Rantzaus fälttåg till Östergötland 1567–1568, i samband med nordiska sjuårskriget. Danskarna fick ett rikt byte i slottet, med bland annat 12 000 daler ur den svenska krigskassan, vapen, ammunition, hemliga brev och andra värdesaker. Innan slottet övergavs ägde Prins Magnus slottet. Han var Gustav Vasas son och blev aldrig någon regent. Han blev galen och sinnessjuk och dog på Kungsbro som han ägde med och låg vid sjön Roxen. Magnus jordfästes i Vadstena klosterkyrka där kistan hängdes upp i kedjor för att spindlar inte skulle nå kistan.

Stenhuset återuppbyggdes och 1578 stod det klart för andra gången. År 1637 förlänades godset till riksrådet och fältmarskalken Johan Banér. I samband med reduktionen drogs godset in till kronan och 1691 blev Kungs Norrby boställe för överstelöjtnanten vid Östgöta kavalleriregemente. Då hade stenhuset från 1500-talet börjat förfalla och 1693 beslöts att det skulle rivas. En del av byggnadsmaterialet kom att användas för att bygga nya hus på Kungs Norrbys nya gårdsplats, medan annat såldes. Kvar blev en ruin.

Under kullen finns det tre rum med murar och valv. Dessa undersöktes 1990. Om något hittades beskrivs inte.

Rejmyre Glasbruk

Hitta hit: Rejmyre ligger i Finspångs kommun

Koordinater: 58°49.52.06, 15°55.44.04

Innan glasbruket privilegier beviljats skrevs det ett kontrakt med glasblåsaren Johan Gleisner. Tanken var att han skulle leda anläggandet av det nya glasbruket men så blev det inte och som ersättare anställdes Carl Hobert från Norge att uppföra en glasugn. Rejmyre glasbruk hade god tillgång på virke för att driva glasugnen och det dröjde inte länge innan Rejmyre blev ett av de främsta glasbruken i Sverige

Mitt emot glasbruket uppfördes denna bruksgård med två flyglar. I den bodde
glasblåsarna i lägenheter men från början var huset endast i rött timmer.

Vid Rejmyres bensinstation som ligger granne med glasbruket finns en glasskiosk. På den väggen finns ett målat konstverk av Anna Lind. Det gjordes av några konstnärer från Mexico.

BALTZAR VON PLATENS GRAV I MOTALA

Hitta hit. Följ kanalen eller skriv i mobilens karta Von Platens grav, Motala

 Det var Greve Von Platen som ritade skisserna till Göta kanal som nu förbinder Östersjön, Vänern och Vättern. Första spadtaget togs 1810 på östgötska sidan och i Forsvik på Västgötasidan men hela kanalen stod färdig 1832 men Baltzar dog 1829 och missade invigningen. 1822 grundade Baltzar Motala verkstad och 1823 ritade han Motalas stadsplan.

1827 utsågs Von Platen till Riksståtshållare i Norge.

Men Von Platen planerade sin egen grav bara några år innan han dog. Han valde platsen vid kanalbanken i Motala och här begravdes han 1930. Von Platen var gift och med sin fru fick han tre barn. Med sin älskarinna fick han ett barn med.

 1886 lät svenska akademin författa en minnesanteckning och lät göra en medalj med hans porträtt på.

Häfla Hammarsmedja
Hitta hit: övre Hävla bruk, Rejmyre

Efter 242 år upphörde verksamheten vid Häfla Övre Bruk år 1924. Man låste smedjan och gick hem. Allt lämnades kvar; härdar, hammare, verktyg med mera. Det gör Häfla hammarsmedja till en unik industri-anläggning från 1920-talet.
De gjorde bla.
Hästskor och var Sveriges största leverantör.

Urpatron och grundare var Jacob Flemming.
Hammaren
anlades 1682

1934 Förklarades smedjan för industri-minnes-märke och härd och hammare var igång för sista gången.

1990 Förklarades Övre Häfla bruk som byggnads-minne.

Inne i ett av smedernas hus. Alla verktyg finns kvar. Sågverk, hammaren mm drivs av ren vattenkraft.

Labbit huset (kojan) uppfördes 1885 till arbetarna att inta sin mat och vila under sina långa arbetspass.

RÖKSTORPS AVRÄTTNINGSPLATS

Hitta hit: väg 215 mellan Skärblacka och Finspång. Mitt emellan de båda orterna finns, om man kommer söderifrån, en skylt som visar att man nått Finspångs kommun. Strax därefter finns en skylt mot Ruda åt ena hållet och mot Avrättningsplatsen åt det andra. Parkera vid skylten och sedan är det ca 300 m att gå.

I slutet av 1680 talet avrättades en man som mördade sin fru och barn här. Straffet blev först rådbråckning. Bödeln knäckte då mördarens ben sen halshöggs han och kroppen delades i fem delar. Stänger restes med påmonterade gamla kärrhjul. På den fästes mördaren kropp som var i

delar och mördaren fick bli fågelmat. Straffet kallades stegel.

CHARLOTTENBORGS SLOTT

Hitta hit: Strandvägen 71, Motala

Charlottenborg byggdes i sten år 1652 av Ludwig Wierich Lewenhaupt. Han

byggde huset till sin fru tyskfödda riksgrevinna Charlotte Hohenlohe. Herrgården drogs in till kronan vid Karl XI reduktion och såldes sen. Huset genomgick en större ombyggnad 1799–1803. På 1959 köpte Motala kommun herrgården. Inne i slottet visas nu en massa olika utställningar.

Som i de flesta gamla hus sägs det att det spökar. Vita frun sägs vara ägarens fru Charlotte som efter sin död stod lik inne i slottsköket i hela 3 år, i väntan på sin makes död så de kunde begravas samtidigt.

I trapphusets fönster på slottet har konstnären Carl-Erik Törner år 1900 avbildat Charlotte. Konstnären sägs ha sett vita frun och målade sen av henne på fönsterglaset. Han målade även i barnkammaren väggarna med sägnen om Ljungby horn och pipa.

Det finns även en historia till om det hemliga igenmurade valvet i slottets källare. Det sägs att det är Charlotte och Ludwig Wierich Lewebhaupts son Adam ska ha skickat hem ryska krigsfångar från Karl XII:s krig mot Ryssland och att dessa krigsfångar blev inmurade i valvet av Adams fru Brita Dorothea Och ingen harvågat öppna valvet. I slottets park sägs svarta frun setts. Det är tjänstekvinnan i slottet som sörjer sittdöda spädbarn.

GODEGÅRD`S SÄTERI

Hitta hit: ca 30 km norr om Motala och 30 km sydost om Askersund.

Koordinater: 58.744697, 15,177639

Det är nästan som åka tillbaka i tiden med alla röda gamla hus och i bakgrunden tittar herrgården fram som byggdes 1644 av Louise De Geer. Men historian om Godegårds järnbruk startade redan på medeltiden och har ägts av bergsmän och kloster för senare bli krono bruk under Gustav Vasa innan Louise köpte det.

Men storhetstiden för säteriet kom under sonen Jean de Geer` tid. Då blev bruket Östergötlands största bruk och hade stångjärn och spik som sin specialitet.

År 1775 övergick säteriets ägande till Johan Abraham Grills ägor som även var direktör för Ostindiska kompaniet.

Nu finns ett porslinsmuseum på gården som är öppet sommartid. Hela denna miljö är kulturminnes förklarat och har byggnader från 1500 till 1800 talet. Ett riktigt svenskt kulturarv.

Godegård är genom de många bevarade byggnaderna från skilda tider och med
olika
funktioner, en   av
landets bäst
bevarade
bruksmiljöer.   Hela
miljön, med   hus
alltifrån
1500talet till
1800talet, är
förklarad som

byggnadsminne, en del av det svenska kulturarvet

I huset på vänster sida längst bort efter vägen bodde köpmannen Sven. Han hade

butik och på vintrarna anordnade han skidtävlingar. Det var många skogskarlar som

var duktiga skidåkare. Som startklocka använde handlare

Sven en äggklocka. (Det var under 1950 talet)

Närke

Ölmbrotorp

Glans-
hammar

Garphyttan

Vintrosa

Örebro

St Mellösa

Fjugesta

Mullhyttan

Svartå

Kumla   Kvarntorp

Odens-
backen

Hasselfors

Hallsberg   Pålsboda

Kilsmo

Laxå

Åsbro

Askersund   Åmmeberg

Zinkgruvan

Hammar

Olshammar

Elsa Anderssons Minnesmonument

Hitta hit: Askersund, Edö

Elsa Anderssons livsöde har blivit både film och bok.

Elsa föddes i Strövelstorp i Skåne 1897. Redan när hon var i tonåren var hon fascinerad av flyg och sökte senare in vid Enoch Thulins flygskola i Ljungbyhed. Elsa blev skolans 101 elev och även sista elev eftersom skolan lades ner av konkurs 1920. Hon blev Sveriges första kvinnliga elev på skolan och 30 juni 1920 avlade hon sitt flygarprov och tilldelades aviatördiplom nr 203.Elsa reste sen till Berlin för att utbilda sej till fallskärmshoppare.Elsa gjorde sitt första uppvisningshopp (hennes tredje någonsin) utanför Kristanstad.Elsas femte hopp skedde inför tusentals åskådare vid Edö utanför Askersund. Pilot var Albin Lundberg som flög Elsa upp till 650 m höjd där hon hoppade ut. Fallskärmen veckla inte ut sej eftersom ena linan fastnade runt hennes arm. Hon slog ner i ett skogsbeklätt område vid Edö och avled omedelbart. På denna plats reste Kungliga Svenska Aeroklubben 1926 en minnessten. Elsa ligger begravd i strövelstorp med denna bild på hennes gravsten.

Elsa´s Minnessten

Elsas minnessten

Limstensgruvorna

Hitta hit: Utanför Mullhyttan ligger gruvorna. åka till Tryggveboda och därefter följa skyltningen mot parkeringen. Skyltarna kan vara i ganska dåligt skick, så det gäller att vara uppmärksam. Det finns en mindre parkering att parkera bilen på och därefter är det en skyltad stig genom skogen för att ta dig fram till gruvorna.

Spår efter ett kalkbruk eller limsten som det även kallas. Brytningen pågick från början av 1800 talet fram tills några år in på 1900 talet. Om du synar väggarna inne i grottorna så finns det inristningar från gruvarbetarna kvar.

Denna kälke står bevarad under ett tak. Den användes att dra kalkstenen över skogen mot Degerfors

TJÄLVESTA HERRGÅRD

Hitta hit: Åk till Snavlunda som ligger mellan Askersund och vretstorp. Sväng in mot Tjälvesta.

Koordinater: 58.95716°N, 1488282°Ö En tur i

Bellmans gamla spår.

Flyglarna tillbyggdes senare än boningshuset och den ena var rättare bostad och i den andra bodde Carl Mikael Bellman i slutet av 1700 talet när han besökte Tjälvesta. Det sägs att flera av hans dikter blev skrivna och inspirerande av besöken här.Gården har senare ägts av bland annat familjerna Burenstam som även ägde Stjärnsunds slott i Askersund och Skyllbergs

herrgård och de Geer som ägde Finspångs bruk och tog hit vallonerna. Från 1950 var

författarinnan Berit Spong och hennes make Bertil Malmrot innehavare av gården.

Gården är privat.

STAPLABERGETS UTSIKTSTORN

Hitta hit: kör Svinnersta - Från väg 505 (Laxå vägen) sväng av vid Breberg. Där finns en träskylt Staplaberget. Åk ca 4,2 km tills du kommer till vägens ände som är en vändplan. Parkera och följ skyltningen ca 800 m

Det sägs att vid klart väder ska du kunna se 7 stycken kyrktorn. Men du ser även kvarntorpshögen i nordost och i söder ser man en snutt av Vättern. Makalöst vackert vid en solnedgång.

En liten titt ner och vad hittar man där?

Boo Slott och Karoliner Kyrkan

Hitta hit: straxt utanför Hjortkvarn vid sjön Avern

Koordinater: 58°55.32.6. 15°31.10.8

Bo kallades från början för Boholm och bildades i mitten av 1600-talet av fältmarskalk och greve Gustaf Horn af Björneborg (Horn af Kanckas) som då fick donationsrätten.

Bo kyrka från är idag länets bevarade karolinska kyrka, präglad av karoliner tidens enkelhet. Kyrkan byggdes av

1733 bäst

Fältmarskalken Friherre Hugo Johan Hamilton af Hageby efter tillstånd av Konung Fredrik 1. Invigningen av kapellet skedde 7 söndagen efter Trefaldighet 1733.

 Det är en korsformad timmerkyrka med vitmålad brädpanel och takryttare över korsmitten. Kyrkans inre har genomgått få förändringar, den saknar till exempel fortfarande elbelysning, och ger därför ett ålderdomligt intryck. Bänkinredningen är den enda helt orörd i Örebro län. Den visar tydligt på samhällets sociala skillnader, med de rymliga herrskapsbänkarna längst fram och de enklare bänkarna för tjänstefolket längst bak. Fönstret till vänster om altartavlan uppe vid taket, därifrån synades besökarna av de högvälborne ja kanske av prästen med.
Kyrkogården omfamnas av lärkträd som planterades 1830 och är ett av de nordligaste bestånden.

Att det på 1700-talet blev en slottskyrka vid Bo, och att den byggdes så stor, sägs bero på vårt snöpliga nederlag mot ryssen i Poltava. Bland de guldgalonerade svenskarna som fienden då tog till fånga fanns en friherre Hugo Johan Hamilton. Efter 13 år i Sibirien blev han fri, dock oklart hur det gick till.

BO PÅSKLILJORNAS RIKE

Hur Bo Påskliljan kom till platsen, när och av vem är okänt. Det är fullt möjligt att den funnits här i 250 år. Om man följer utbredningstakten på platsen de senaste 50 åren inser man att detta är rimligt. Det är ytterst tveksamt att denna

påsklilja kunde köpas i handeln på den här tiden. Därav är det fullt möjligt att den förste

Hamilton på

Boo,

Fältmarskalken och Skotten Hugo Johan, lät skaffa lökar från Skottland. Nu har påskliljorna spritt sej och blommar för fullt var år på kyrkogården och runt den.

FATBUREN

Fatburen är ett Tyskt ord och betyder förråd, det är en av de äldsta byggnaderna i Bo. Väggarna är över en meter tjocka nertill vilket gjorde att den höll värmen ute om sommaren. Fatburen har tre våningar invändigt och taket är ett tjärat spåntak.

I en sån här byggnad förvarade man i äldre tider kläder och annan dyrbar egendom. Fatburen var alltid en särskild byggnad.

Den gjordes så säker som möjligt för brand,

inbrott och plundring eftersom den innehöll värdefulla föremål, därav de små fönstergluggarna och de tjocka väggarna.

Det tvistas om åldern på denna fatbur, förmodligen uppfördes den under senare delen av 1600-talet. En del säger runt 1750 och att Johan Abraham Hamilton uppförde den som spannmålsmagasin. Vad som är stämmer får vi nog inte veta.

Fatburen har varit ett eldfast hus för förvaring av spannmål och andra matvaror, möbler och textilier. Socknens utsädesspannmål måhända även brödspannmål, var skyddat mot eld i detta stenhus eftersom bebyggelsen i övrigt var av trä och utsatt för eldfara.

Boo Kyrkskola

Skolan invigdes 17 augusti 1851 och är numera äldsta folkskolan i Närke.
Skolan uppfördes av Friherre Hugo Adolf Hamilton, han var då
Fideikommissarie på Boo egendom. Han satt även som

Ordförande i Riksdagsutskottet som behandlade propositionen om folkskolan. Troligen är ritningen gjord av Hugo Adolf Hamilton själv i den grekiska tempelstilen.

Kyrkskolan är byggd av sten med fyra kraftiga vitmålade träpelare vid i gången.

Vid skolinvigningen var Prins Gustav, sångarprinsen, son till Oskar I där.

Det finns sockenstämmoprotokoll kvar från 1853, och i den finns en anteckning om fattiga barn som hade lång skolväg, de fick skolmat. Boo skola var troligen först i Närke att servera skollunch. Varm soppa på vintern och och på sommaren mjölk.

Det har funnits en trädgård tillhörande skolan som eleverna skötte även under sommartid för att fostra till bättre mathållning. Varje elev fick även var sitt äppleträd att plantera hemma hos sina föräldrar. Det var läraren som hade ansvaret för undervisningen av köksträdgården. På övervåningen av skolhuset bodde läraren och där värmdes soppan vintertid. I skolan bedrevs undervisning 1851 till 1953, sen förflyttades undervisningen till nybyggda centralskolan i Hjortkvarn.

BOO SLOTT

Gustaf Horn var en av de framstående generalerna under det 30-åriga kriget

och är känd för sina segrar samt även för sitt nederlag vid Nördlingen 1634 där han tillfångatogs. Han satt sedan åtta år i fångenskap i Danmark. Han utväxlades 1642 och 1651 utnämnde drottning Kristina honom till greve av Björneborg.

Gustaf gifte sig 1628 med Kristina Oxenstierna som var dotter till rikskansler Axel Oxenstierna. Gustaf Horn gick bort 1657 och Boholm, som det då ännu hette, gick vidare till hans dotterdotter Anna Cruus af Gudhem.

År 1657 blev Anna Cruus af Gudhem ägare, hon var då tre år gammal. Hon var dotter till Agneta Horn af Björneborg som är känd för sina dagböcker som skildrar livet på 1600-talet. Anna Cruus gifte sig med landshövdingen Klas Fleming af Liebelitz och var hovmästarinna hos drottning Ulrika Eleonora d.ä. på 1680-talet.

Herrgården, som sedan 1748 gått i arv inom den friherrliga ätten Hamilton af Hageby, blev ombyggd första gången på 1780-talet av Karl Didrik Hamilton. Då förändrades den karolinska gårdsanläggningen till ett corps de logi, som var kvar till 1878. För att kunna bygga det nuvarande slottet revs den gamla herrgården.

Gamla Herrgården som revs 1878.

Ritningar till slottet var av

Johan Fredrik Åsbom. Slottet är byggt i nygotisk stil och byggt i sten av

Fideikommissarien Hugo Johan Hamilton och hans fru

Marianne född Af Sandeberg.

År 1925–1927 gjordes en invändig ombyggnad och renoverades av Arkitekten Ivar Tengbom. Samtidigt arrangerade Landskapsarkitekten Rudolf Abelin en landskapspark i engelsk stil runt slottet. Vilket var toppmodernt då. Från början var slottet vitmålat med mörka snickerier och markiser i fönstren åt södersidan. 1959 målades slottet i en rödrosa nyans med vita omfattningar runt fönstren. Troligen var det så på originalritningar från 1875. 2008–2010 renoverades slottet igen och

målades i dagens röda nyans. 2015 glasades man in verandan åt söderhållet enligt originalritningarna.

Baksidan av slottet 2022

Slottet är privat.

Boo Obelisken eller Kungastenen som en del säger

Obelisken står i parken på en kulle. Den restes för att Kung Oscar I skulle komma och besöka Boo på direktion av Hugo Adolf Hamilton men Kungen blev sjuk (Kung Oscar I) och dog så det blev inget besök, men Obelisken fick stå kvar i parken. Själva stenen är 17 meter hög och uthuggen från Släte.

På stenen löper en drakslinga och texten: Åt Konung Oscar den

gode af tacksamme undersåtar 18 8/8 60

När stora stenen väl kom fram dit den skulle stå, trots missöden och lagningar hade det svårt att resa den 17 m höga stenen. Då hade en kringresande sjöman kommit förbi som visade dom hur man kunde resa stenen med hjälp av rep block och taljor. När de väl fick upp stenen fixerades den i kullen där den än står kvar.

KÅNSTA KVARN

Hitta hit: riksväg 52 öster om Sköllersta, adress Kånta 411Sköllersta

Även om det finns många kvarnar bevarade är denna rätt unik eftersom det är en kombinations kvarn som drivs av både vind och vatten. Den byggdes 1858 och drevs fram till
1939. Kvarnvingarna mm togs då bort.

Nu äger Hallsbergs kommun kvarnen.

2018 spelades tvprogrammet Sommar med Ernst in här.

Ernst Kirsteiger tog sej an sej an projektet. Här syns det handsmidda räcket och utanför kvarnen detta designade möblemang

FINNAKÄLLORNA

Hitta hit: kör från Hallsberg mot Östansjö. Efter du åkt under väg 50 tunnel kommer skylten Tripphult. Sväng in där till vänster och åk ett par hundra m så kommer du till P

Koordinater: 65 46720, 14 54830

Vid vägen upp till Tripphult ligger Finna källan. Av namnet kan man tro att det är endast en källa. I verkligheten är det tre källor med tre olika namn.

Från början fanns det fyra källor, men en är numera uttorkad.

Namnet Finn källan tyder på att invandrade finnländare brutit marken i närheten och utnyttjat dessa källor. Om den uttorkade källan sägs det

att en man från Tälle vid namn Per hade gjort sina behov i den och efter det torkade den ut. Denna källa fanns under en jättegrans rot, och på stammen några meter över marken kunde man 1895 läsa på en uppsatt träskylt:

Per i Tälle sket i källan 1877.

Några få meter från den uttorkade källan porlar under en annan jättegrans rötter en källa som går under namnet Drickskällan. Vattnet är kristallklart och välsmakande. Ur denna källa skulle alla besökande släcka sin törst. Av ålder och av väderlek bröt till slut ner dessa jättegranar. En snörik vinter 1916 eller 1917 tyngdes de ner av snömassorna.

Nästa källa är Ögonakällan. Vattnet i den ansågs vara välgörande för synen och därför skulle alla besökare tvätta sina ögon i källan. Därefter skulle man offra åt den. Offret skulle bestå av koppar och silverpengar, ibland nåt mässingföremål kunde ses på källans botten.

Bredvid finns en skylt där det står: Den som
klena ögon har
Tvätta dem i
källan klar,

Och bed Gud om
hjälp och nåd Så
fås läkedom och
råd.

Hälsokällan ligger ca 100 m väster om de övriga källorna, är nog inte lika känd. Vattnet som av Widén. F. I Sållaretorp, Viby låtit analyserat visade sej vara likvärdigt med vattnet i Medevi Hälsobrunn. Där finns det en tavla med texten: Källan flöt ur jordens barm Log mot solens öga varm. Finne denna källa fann,

Drack ur den och hälsa fann.

Hälsokällan har varit mycket uppskattad. Förr fanns det ortsbor som ogärna drack annat vatten. Det finns flertalet stigar som leder till källan. Förr fanns det en näverstrut till de som var törstiga att använda.

VALLERSTA FOGDEKÄLLARE

Hitta hit: Från Kumla mitt emot shellmacken går vägen in mot Täby, följ vägen till Vallersta och källaren ligger på höger sida. Den är skyltad.

Koordinater: 59°163 410, 15°089079

Källaren byggdes troligen under perioden1577–1599 av Västra Närkes fogde Bengt Birgersson. I källaren förvarades livsmedel som drivits in som skatt.

Det sägs att stenarna som den byggdes av kom ifrån Hörsta kapell. Källaren är indelad i tre rum med runda takvalv.

VÄSTERBY GRUVA

Hitta hit: åk från Åmmeberg mot zinkgruvan, följ skylten som sitter på vänster sida.

Koordinater: 65°23 507, 50°3475

Här i Västerby gruva började de bryta järnmalm redan på medeltiden. På 1700 talet skedde en av Sveriges största gruvolyckor här. Nu sägs det att på natten kan man fortfarande höra skriken på hjälp.

   Det är två

gruvhål med avspärrning.

10 personer blev instängda i raset 23 april 1768 och 12 personer omkom. Ett tjugotal personer arbetade i Västerby gruva och det var inte bara män

GARPA GRUVA

Hitta hit: Infart från vägen Åmmeberg-Zinkgruvan, omedelbart mot Västerby prästgård, ca. 150 m. österut till "gamla banvallen".

Koordinater: 58°85791, 15°04604

Den här platsen är unik. Man började bryta järnmalm här redan på 1100 talet fram till 1887

Man får först gå in i en trägruvgång som användes av gruvmännen för att sedan se bergets stora rum öppna upp med ca 30 m höga väggar. Spår efter gruvarbetarna som grävt sej ner i berget, men kryp inte ner då rasriskerna är stora.

Gruvan är tillgänglighetsanpassad med uppbyggd scen och fikabord. Kommer man på våren är skogen full av vackra blåsippor. Vi åkte hit när snön täckte marken och stora vargspår syntes i snön.

KONST I SKOGEN

Hitta hit: åk på riksväg 50 från Åsbro hållet mot Askersund. Sväng av mot Luckebo. Kör ca 2 km till du kommer till en jättesten på v. Sida och bakom den ligger en jaktkoja. P där. Gå in bakom vägbommen och följ vägen ca 1 km. Innan du kommer till husen finns det stigar både till höger och vänster.

Koordinater: 58˚978 428, 15˚012552

Lägg märke till alla fina detaljer på husen.

Tusenfotingen har skor, det finns många fler konstverk att upptäcka

Västergötland

NORRQVARN

Hitta hit: Norrqvarns sluss område , Norrqvarn kvarnet 1, Lyrestad

Norrqvarn ligger precis granne med Göta kanal. Fina cykel och promenadstråk året runt. Svamparna som är som små hus hyrs ut om du vill övernatta. Men det är lite som att komma till tomtebobarnen i sagans värld.

Sommartid är det som mest med människor på besök när café och restaurang har uteservering. Men vackert året om att besöka.

Hitta hit: Kommer du söderifrån svänger du vänster mot Sved där det står en gul skylt med Sved 1 km. Kommer du från norr gör du en högersväng vid samma skylt.Vägen ligger mitt mellan orterna Fagerhult i söder och Baskarp i norr.Följ sedan vägen förbi Sved och vidare ca 5 kilometer upp mot Hökensås.Vid parkeringen står skyltar som berättar om naturreservaten och fisket på Hökensås och här står också skylten med QR-koden.

Koordinater: N 6432677, E 448066

I en gles tallskog finns en grav med ett kors. Det sägs att på sommartid ligger det nya blommor vid graven varje dag. Hur de kommer dit är ingen som vet. Det är inte en gravplats utan korset sitter på Falks avrättningsplats.Jonas Falk var en rånare. Jonas kom i unga år i kläm med rättvisan. Efter att ha varit i Stockholm och sökt efter lycka kom han åter till sina hemtrakter för att råna postdiligensen som gick mellan Jönköping och Sandhem. En mörk höst natt la sej Falk med sin styvfar och kompanjonen Anders Frid i bakhåll. När skjutsen kom sköt Falk postiljonen och Frid överföll svenen med en knölpåk. Rånarna kom över 2000 riksdaler och de for till Stockholm efter överfallet. Rånarna blev tillfångatagna då de var efterlysta sedan tidigare. Vid förhören framkom det att de var rånarna från Sandhem. Då postiljonen dog vid rånet skulle de båda mista livet genom halshuggning. Men efter Frids nådeansökan ändrade hans dödsdom till livstids straffarbete. Falk vägrade att ansöka om nåd och blev avrättad och begravd på Svedmon, Hökensås år 1855.

SVERIGES SISTA GROTTMÄNNISKA – LASSE

Hitta hit: Lasse i bergets grotta ligger i Husaby, norr om väg 44 mellan Götene och Lidköping.

Koordinater: 58,521219, 13,353160

Lars Eriksson och föddes 1828 i Husaby vid Kinnekulles fot. I sin ungdom arbetade han som dräng på olika gårdar och som kalkbrännare. Bäst verkade han må av att vandra runt i skogarna med sin bössa. Skinnen som blev resultatet av hans jakt garvade han själv och sålde inne i Skara och Lidköping.Lasse var något av en enstöring, men 1860 vid 32 års ålder, gifte han sig oväntat med Inga Andersdotter från Björsäter. Inom loppet av sju år fick makarna fem barn, men bara tre överlevde till vuxen ålder.Lasse och Inga försökte etablera sig som torpare i Hangelösa, men efter några svåra missväxtår flyttade de in till Husaby, Lasse försökte försörja familjen med tillfälliga arbeten, men inkomsterna var små och de levde mycket knapert. Någon gång på 1880-talet, när barnen redan hade hunnit flytta hemifrån, fick Lasse och Inga besked om att de var tvungna att lämna sitt hyrda hem. Att hyra nytt boende visade sig bli svårt.

Vid denna tid började Lasse försvinna upp i skogen om dagarna. Vad han hade för sig vägrade han berätta och Inga ställde inte alltför många frågor.

När han en dag lät montera ner hennes käraste ägodel och ta den med sej. Inga beslutade sig för att smyga efter Lasse och fick då se att han hade murat upp en sten stuga under ett utskjutande klippblock. Väggar och tak utgjordes delvis av berget. Av vävstolen hade han gjort dörrpost och fönsterkarmar.Stugan som Lasse byggt var murad av kalksten direkt mot bergväggen. Taket bestod av klipputsprånget och några stenshällar som vilade på väggarna. Inuti fanns två små rum med en murad eldstad i varje rum. Invändigt hade Lasse fodrat med brädor som skydd mot den värsta fukten och på brädorna hade han fäst tidningspapper som tapet.

I över 30 år bodde paret vid sin grotta innan de blev gamla och sjuka. De bodde vid livets slutskede på fattighuset.

På 1940 talet byggdes en snarlik grotta på samma plats där paret hade sin. Den ser inte exakt likadan ut men man får en förståelse för hur kallt och fuktigt deras hem var,

Första bilden visar hur det ut idag, andra bilden är från parets hem taget runt sekelskiftet 1900

ser

MARTORPS VATTENFALL – KINNEKULLE

Hitta hit: Distans från Lidköping ca. 18 km. Kör 44:an mot Mariestad och sväng av vid Husaby. Fortsätt på vägen och sväng sedan vänster mot Västerplana i höjd med Husaby Kyrka. Fortsätt sedan på denna väg ca 2 km och följ den skarpa vänstersvängen, på vänster sida ligger en liten parkering där du startar din vandring till Martorpsfallet.

För ca 9000 år sedan, när inlandsisen höll på att smälta, stod havet en tid vid denna nivå. Vågorna gröpte ur grottor där kalkstenen var lite mjukare. Kvar blev formationer av det hårdare materialet. Dessa påminner om de raukar som finns på Öland och Gotland. Kalkstenslagret är rikt på ortoceratiter och andra förstenade djur (fossiler) som levde i havet för miljontals år sedan. Vid Martorpsfallet fanns en kvarn redan vid Carl von Linnés Västgötaresa, 1746. Man kan idag se rester av murar efter kvarnen och dammen ovanför kleven. Under 1800-talet uppfördes en mängd torp och backstugor längs klevkanten vid Martorp. Idag finns enstaka överväxta lämningar kvar av dessa.

RASKENS NERGÅRDS ANNAS STUGA

Hitta hit: Hyssna, sväng in mot kyrkan. Fortsätt och följ vägen. När du ser sjön sväng då upp till höger. Du ser rotestugan direkt.

Inne i Hyssna centrum ligger en inspelningsstudio där några kända hårdrocksband varit på besök som ex. inflames, Hammerfall mm

I denna gamla rotestuga där de fattiga bodde blev inspelningsplats 1975 för Raskens baserad på en roman av Vilhelm Moberg. I filmen tog Nergårds Anna emot besök i denna ryggåsstuga. Torpet där de filmade som Raskens stuga har brunnit ner.

Stugan är väldigt låg och det finns inget innertak utan dessa ryggåsstugor var öppna upp till taket.

Förr hade de fattiga, gamla och orkeslösa det inte lätt. Läser man i protokoll från 1770–1800 talen står det om att varje rote (del av socken) fick sköta sina egna gamla. De som bodde i rotestugorna fick gå runt på rote. Det vill säga vara några dagar på olika gårdar enligt fastställd lista, men sorgligt nog var de gamla inte välkomna utan sågs som en belastning.

På vissa rotar byggdes stugor där de fick sköta sej själva. Denna rotestuga byggdes i början av 1860 talet av bönderna i Bua området.

VAHOLMS TÄCKTA BROHUS

Hitta hit: mitt emellan Skövde och Töreboda. Bron syns från vägen och skylt finns.

Vaholms brohus är troligen Sveriges enda täckta träbro och under den rinner Tidan. Ingen vet exakt när den byggdes men nån gång mellan 1830–1880.

Bron är privat och 2010 blev den byggnadsminnesförklarad.

TORPA STENHUS

Hitta hit: Torpa Gård, Länghem

Torpa stenhus är ett av Sveriges bäst bevarade medeltidsborgar som är privat ägo i samma familj sen 17 generationer tillbaka. En borg full med spöken och historia.

Omkring 1470

byggde Riksrådet Arvid Knutsson den första delen av försvars borgen. Står du vid den nuvarande ingången så var det den högra delen av borgen med de små gluggarna.Ca 1550 byggdes trapptornet och sen vänstra delen.

År 1699 invigdes kapellet nedan efter 40 års snickrande. Männen satt på svärdssidan till höger och till vänster vävsidan där kvinnorna satt. Endast de främre raderna hade ljushållare. Troligen var för att i de lägre stånden inte kunde läsa.

I borgen bodde en riddare med sin familj. Nere i fängelsehålan satt danskar fängslade. Ena dottern smög ner på kvällarna och gav en av fångarna mat och öl. Dottern blev påkommen och fadern förbjöd henne att gå ner igen, men inte lyssna hon på sin far utan fortsatte gå till den danska fången och blev påkommen igen. Fadern blev så rasande att han halshögg dansken. Dottern blev sjuk av sorg och dog. Efter döden blev hon en vålnad som nu vankar i borgen. Men en snäll vålnad då hon varnar de levande för faror. Hon kallas för den grå frun. Här bakom den vita väggen ska Borg ägaren ha murat in sin dotter. Det sägs att hon varit på besök i Danmark hos släktingar. När hon kom hem berättade hon för sin syster att det troligen fanns pestdrabbade på båten. Hennes far hörde flickornas prat och blev rädd.

Fadern väckte henne mitt i natten och tog med sin dotter till ett fönster, placerade henne på stolen och sa åt henne att sitta kvar. Sedan kom tre män och började mura in henne.

Enligt sägen ångrade sej männen att de murat in henne när de hörde hennes gråt, men alla tre dog innan de lyckades rädda henne. En av männen ramlade ner för trappan och dog, en fick blodförgiftning och dog och den tredje mannen fick hjärtinfarkt. Utanför väggen satt den andra systern och hörde sin inmurade syster gråta. På den femte dagen blev det tyst och då kastade systern en förbannelse över väggen så ingen skulle kunna bryta sej in och störa friden för sin döda syster. Än idag är väggen orörd.

På bilden är Greve Gustaf Stenbocks förstfödde son som endast var 3 år och drunkna i brunnen. Enligt sägen sägs pojken vandra i borgens salar

Greve Gustaf Otto Stenbock ska spöka på Torpa. Ställer man sej vid hans stora porträtt och ropar högt hans namn ska Torpa stenhus börja skaka våldsamt.

Källebacka Säteri

Hitta hit: Marbäck

Man kan spåra gårdens historia ända bak till 1500 talet. 1649 skatteköptes gården från kronan av Västergötlands lantmätare Johan Bothwidsson Gyllensting. Från ca 1650 fram till 1675 var gården ett gästgiveri. Det har funnits två flyglar men bara en återstår.

Under 2000 talet spelades Scener in för filmen Änglagård in här. I filmen bodde advokaten och sen till Axel Flogfält, skådespelare Sven Wollter.Huset är privat.

Precis granne med huset finns Hemma på Källebacka. Det är ett Café med butik.

'Timmele minikyrkby

Hitta hit: straxt utanför Ulricehamn

2005 presenterade Sture Carlsson en idé för Timmele Byalag. Varför inte bygga en skalenlig modell av hur byn Timmele kan ha sett ut innan laga skifte 1880–1884

Sagt och gjort. Efter byalaget snickrat över 1000 timmar tillsammans stod byn klar 2006 . fler hus än bilder visar

HÄLLSTAD KYRKA

Hitta hit: Från väg 182, kör in vid norra infarten till Älmestad, sväng sen mot Hökerum.

Koordinater: 57.897627, 13,332263

Själva kyrkan byggdes 1819 högst upp på höjen där en 1100 tals kyrkan stod först. Mitt emellan två hedniska platser ligger den. Det är vikingatida gravfältet i Hov och domarringarna i Väby.

1826 blev Hjerten kyrkoherde här i Hällestads kyrka. Han skrev ett flertal psalmer och var ledamot i psalmkomitten 1811–1819.

HÄLLESTADS MONUMENTET

Ett gravmonument från 1100 talet. Det finns liknande monument i Husaby. Den graven tillhör Olof Skötkonung och Drottning Estrid. Här i Hällestad saknas korsen på gavlarna vilket är unikt. Själva motiven på denna gravhäll är kampen mellan Gud och det onda och striden mellan hedendomen och kristendomen. Vems graven är vet man inte, men säkerligen någon som hade gott om pengar då denna stenmästare höll god klass på sitt arbete.

ALPHEMS ARBORETUM

Hitta hit: Rolkenacken Floby

Koordinater: wgs84 58°94,6. 13°18,21,6

När ni svänger av mot Alphem åker ni förbi denna nostalgimack

En av Sveriges största trädsamlingar hittar ni här anlagd av brevbäraren Frans Johan Gegerfeldt.

Frans Johan höll på under 50 år med att anla parken med träd och stenmurar. Han flyttade hit med sin fru till Rolkebacken men det fanns nog mer sten än grönska och vid promenad nu vid parets stuga ser vi nu murar, grottor och huset som blev förebild i Walt Disneys filmer.

Gegerfeldt trampade runt på sin cykel för att leverera post och passade då på att se ut stenar till parets mark. På natten gick Gegerfeldt med sin sten kärra och hämtade hem sina fynd. Under årens lopp slet han ut 11 kärror och den 12 står än kvar i trädgården att skåda.Där

Alphem nu ligger var tidigare ljungmarker. Genom att anlägga kullar och gräva dalgångar förvandlades marken till utmärkt växtplats för diverse träd. Gegerfeldt jobbade

även hårt för att skapa en trädgård med väl genomtänkt färgsättning med murar mm

Träden och buskarna köptes det mesta från från svenska och även utländska plantskolor, ibland i utbyte av skott och frön från den egna trädsamlingen.

Men hur kom det sej att Alphems lilla stuga blev förebild Snövit från Walt Disneys filmer?
Jo det var Gustav Tenggren från Magra som utbildade sej till konstnär och for till USA och anställdes av Walt Disney. När Gustav ritade dvärgarnas stuga i filmen

Snövit tänkte han på Alphems torp som han besökte med sin farfar som barn. Nu är huset öppet sommartid.

HALLAND

GETINGE KYRKA

Hitta hit: Getinge ligger mellan Falkenberg & Halmstad

Koordinater: 59°49´14 N 12°44´52 Ö

besök.I vapenhuset står en runsten, den har tidigare varit inmurad i kyrkans södra vägg, den blev uttagen och åter inmurad på 1700 talet.

Runskriften översätts till:Rander lät resa denna sten, Einar högg runorna.

Runstenen togs bort ur kyrkans syd mur 1937.

Runstenen är från 1200 talet.

Kyrkans äldsta delar härstammar

från medeltiden, troligen 1100–1200 talet. Väl värd ett På Getinge kyrkogård till höger om ingången ligger Karl Jonasson begravd.

När Karl plöjde sin åker fick han se en meteorit landa i hans åker. Karl spara meteoriten och när han dog sattes den fast på hans gravsten.

WAPNÖ SLOTT

Hitta hit: 8 km norr om Halmstad

Koordinater 56°42´47 N 12°50´28 Ö

Wapnö är känt sedan av 1300 talet då änkan efter Öijar Gunnarsson var ägarinnan. Hennes man hade varit fogde på Nyköpingshus. Heliga Birgittas dotterson Peder Ribbing testamenterade slottet 1379 till Vadstena kloster.

Men 1409 bytte Abraham Brodersson till sej Wapnö. Han var rik och mäktig och skulle då ha ägt över 200 gods. På Kalmar slott var han riksråd och hövitsman och framgångsrik befälhavare.

1410 avrättades Abraham efter att ha blivit dömd för att ha våldtagit en ung kvinna. Men vissa källor påstår att Erik av Pommern (Erik XIII som var kung över hela Norden innan han störtades och blev sjörövare på Gotland som han hade köpt av Tyskland) ville få bort den besvärlige rike mannen. Alla Abrahams gods drogs in till kronan men några återlämnades senare till hans arvingar.

Numera är wapnö hotell och restaurang. Det finns även en gårdsbutik och ett ölbryggeri.

BORRÅS SKÅRA

Hitta hit: Borrås skåra kan nås från motorväg E6 via avfart 56 Värö. Skyltning till platsen som har parkeringsmöjligheter finns från Värö kyrka.

Koordinater: 57.262705, 12.238726

Berget där Borrås skåra ligger har troligen haft en fornborg under järnåldern liggandes där. Utsikten är fantastisk. Man ser ända bort till havet.Enligt gammal folktro så fick bygdens folk bevisa hur modiga de var genom att hoppa över skrevan på toppen. Drängar ska ha tvingats hoppa över klyftan som ett slags anställningsprov. Själva skrevan är ca 100 meter lång och klipporna är ca 10 meter höga.Bredden på skrevan varierar från 0,5 till 2,5 m.

Går man igenom hela klyftan kommer man att passera ett fastkilat stenblock. Enligt sägnen är det upphängt i ett osynligt silkesband och kommer falla ned när jordens sista människa passerat. Väl igenom klyftan så kan man ta sig upp på berget.

Här kan du hoppa och tjoa och känna dej som Ronja rövardotter.

MORUPS TÅNGE FYR

Hitta hit: Morup

Fyren byggdes 1841 till en kostnad av 62 133 kr Och är 27,9 m hög. Kusten utanför var svårseglad och många fartyg förliste på reven utanför. Innan fyren byggdes användes ett flyttblock som orientering för fiskarna. Flyttblocket fick heta Glomstenen och runt fyren växte ett samhälle upp som fick namnet

Glommen. 1930 fick fyren elektricitet och blev sen helt obemannad 1962. Nu håller Morups tånge fyrsällskap öppet för besök.

BOBERGS URÅLDRIGA EK OCH VATTENKRAFTVERK

Hitta hit: Boberg ligger i Falkenbergs kommun

Eken växte nog här i Boberg redan på Gustav Vasas tid för ca 450 år sen, eken är numera naturminnesmärketoch åldern är daterad till 450–500 år. Själva omkretsen på eken är 535 cm.

Stenbron över suseån och vattenkraftverket.

LUFTVÄRNSTORNET I ÄTRAFORS

Hitta hit: Vessigebro

Koordinater: 57.033953, 12.665027

Ätrafors luftvärnstorn byggdes 1 juni 1942 under andra världskriget för att skydda Ätrafors vattenkraftstation mot bombangrepp. Tornet utrustades med 40 mm luftvärnskanon till skydd för fientliga flygangrepp mot kraftstationen som försedde en stor del av Halland med el. Detta torn vid Ätrafors vattenkraftstation är idag unikt då många torn är numera rivna.
tornet är idag som ett museum hur det såg ut och användes. Braskaminerna höll de med värme.

Lägg märke till halmskorna som skulle skydda mot kylan.

Det kändes lite som att komma in till andra världskriget inne i tornet där allt är bevarat.

SLAGET VID AXTORNA

Hitta hit: Lunden, Ullared

Koordinater: 57.041395, 12.642279

Under det nordiska sjuårskriget 1563 till 1570 tillhörde Halland danskarna. 1565 lyckades svenskarna inta Varbergs fästning. Danskarna skickade då ut en armé för att ta tillbaka staden men misslyckades och de flydde med svenskarna som jagade dom. Svenskarna brände bron över Ätran och kapade danskarnas flyktväg.

Minnesstenen över det blodiga slaget.

Så den 20 oktober 1565 möttes 9000 danska soldater ledda av Daniel Rantzau och många i hären var legosoldater. Svenskarnas armé var 12 000 man och leddes av Jakob Hästesko.

Vid gryningen drabbades de samman och de kämpade ända fram tills kvällen då danskarna tvingade svenskarna att dra sej tillbaka.

Danskarna begravde alla stupade som rörde sej om ca 3000–4000 man. Massgravarna från slaget är ännu inte vetenskapligt undersökta men själva slagfältet undersöktes 2005 som bekräftade att det verkligen ägt rum.

Skvaltkvarnen vid Axtorna

Hitta hit: Vessigebro

Koordinater: 57.039645, 12.649174

Ända från medeltiden fram till andra världskriget användes dessa kvarnar. Denna kvarn byggdes 1808 som en hemgift från gården i Högshult. Det var väggplattorna de skänkte.

Kvarnen var i bruk ända fram till 1918. Den smala rännan ledde vattnet till skovelhjulet som än sitter på undersidan av kvarnen. Taket består av halm.

Maltkönan

Hitta hit: åhs i Vessigebro

Koordinater: 56.98707, 12.69362

Byggnaden ser ut som en jordkällare i sten. Men i denna finns en ugn längst in som kallas för galt.

I denna förbereddes malten som bönderna bryggde själva. Arbetet med malten startade direkt efter julen. Först skulle de blötlägga säden så den började gro. Varje dag skulle det röras om. När gräddningen var klar la säden ut på galten för att torkad. De eldade med enris som gav malten färg och smak. Dygnet runt brann det i galten så en eldvakt fick ligga på lite halm inne i kölnan. Nu har dessa gamla traditioner tagits tillvara när små bryggerier gör sin whiskey. Öppna grinden och gå in och se galten.

Morups Lilla Turistbyrå

Hitta hit: vid gamla kustvägen står den färggrann och gla' och väntar på nyfikna besök. Det är lokalbefolkningen som har arrangerat denna turist kur.

Koordinater: 56.970507, 12.363884

VÄRMLAND

JÄTTEBERGET

Hitta hit. Adressen är nog bara jätteberget, Degerfors. Det ligger i naturreservatet.

Det är flera stora klippor och jättebergsgrottan kallas även Digers grotta. Det finns en stege ner till en grotta på 14 meter men totala sammanlagda längden på de olika grottorna är 80 meter och är länets största system av grottor som uppstått av sprickbildning och förskjutningar i berget.

TOSSEBERGAKLÄTTEN

Hitta hit: ligger mellan Sunne och Torsby längs E 45

Med en lutning på hela 20% och med 1,8 km lång serpentinväg är det en utmaning vare sej man tar bilen eller springer upp. Tossebergaklätten ligger hela 343 m över havsytan. Glöm inte ta med fikakorgen och sitt ovanför tallarna och inta go fikat. Det finns även ett utsiktstorn som öppnades 1934.

Det sägs att Selma Lagerlöf tog sin inspiration till Gösta Berlings saga här när hon spanade ut över bygden och även författaren Göran Tunström. Anders Fryxell lär ha hittat orden till värmlamdsvisan på Tossebergaklätten

Rottneros järnvägsstation och bro

Hitta hit: Rottneros

Själva järnvägen byggdes under perioden 1910–1915 och startades upp meden invigning.

Det var enskilda järnvägsbolaget Kil-Frykdalens järnvägsaktiebolag som bildades 1909. Götebogrgsarkitekten Yngve Rasmussen som ritade själva stationshuset.

Själva bansträckningen är i princip oförändrad sen den byggdes.

Fryksdalsbanan går till stor del längs **Frykensjöarna** och blev under 2006 framröstad till Sveriges näst vackraste järnvägssträcka, efter TorneträskRiksgränsen på Malmbanan.

KARLSKOGA KYRKA

Hitta hit: kungsvägen 38, mitt inne i centrum.

Karlskoga kyrka med anor från 1500 talet. Innan det fanns en kyrka här i Karlskoga fick folk gå till Fjugesta för att kunna gå i kyrkan. Nuvarande kyrkan invigdes under 1600 talet.

Bakom själva altaret finns den äldsta delen av kyrkan bevarad. Nu används den som Sakristian. Runt kyrkan hade befolkningen ökat när gruvindustrin anställde människor från andra länder. Brukspatroner var med och skänkte föremål till kyrkan som dopfunten år 1791 och altaruppsatsen barockstils år

1686 som skänktes av Johan Ysing

I denna kyrka konfirmerades Selma Lagerlöf. Hennes faster var gift med kyrkoherden.

Gustav Vasas son sedermera som blev kung på vänster glasmålning och

Martin Luther på glasmålningen till höger.

Bakom altaret finns resterna kvar av den gamla kyrkan från 1500 talet. När den första kyrkan var i bruk saknades det sittbänkar och församlingsborna fick stå upp under gudstjänsterna. I denna kyrka konfirmerades Selma Lagerlöf. Selmas faster var gift med dåvarande präst.

När de elektrifierade gamla delen på 1940 talet dök målningar upp bakom plankorna som hade satts upp. väggarna
finns **målningar**
med bibliska motiv som utfördes av hertig Karls slottsmålare i slutet av 1500-talet och som anses ha ett högt konstnärligt värde.

Kyrkans väggspån har olika form. Detta beror på att spånen skänktes av 11 olika gårdar i trakten, och

att olika gårdar formade spånen på olika sätt då de inte hade fått några instruktioner hur de skulle se ut. Titta på spånen så syns det fortfarande.

SMÅLAND

KUMLABY KYRKA -SOM BLEV EN SKOLA

Hitta hit: Visingsö. Följ vägen mot norra delen ca 3 km

Koordinater: 58.°3´19, 14°20´54

Vid fint och klart väder sägs det att man ser de fyra landskapen Småland, Östergötland, Närke och Västergötland från toppen på kyrktornet.

Kumlaby kyrka har anor från 1100 talet då Sverker den äldre regeringstid. När Per Brahe den yngre tog över grevskapet slog man ihop grevskapet

och man fick på Visingsö bara behov av en kyrka och församlingen flyttade till den större Brahe kyrkan.

Per Brahe gick emot biskoparna i Skara och Växjö som sagt nej till att göra om Kumlabykyrka till en skola. I maj 1636 startade han skola mot deras vilja. Kyrkan byggdes om till tre klassrum och de murade igen fönster och tog upp nya fönster för att få bättre ljus.

Själva tornspiran kapades och tornet fick en altan. Kyrkan var skola i hela 175 år efter ombyggnationen och eleverna kunde skåda himlavalvet med dess stjärnor.

VISINGSÖ SILKESMASKFABRIK

Hitta hit: Från färjan ta vägen mot den sydliga delen ca 4,5 km.

Koordinater: 58,018970, 14,315851

På 1700–1800 talet var Kina på högsta modet och efterfrågan på silke var stor.

Ungefär samtidigt när de ryska fångarna planterade ekskogen på Visingsö så planterades här på 1830 talet 1500 vita mullbärsträd. Silkesmaskarna äter bladen från mullbärsträd. Tyvärr är Visingsö inte bästa stället att plantera mullbärsträd. De vill inte ha kyla och blåst.1850 skadades mullbärsträden av råttor och lemlar, men 1 år gick odlingen ganska bra och fick ihop 25 kg silkeskokonger. Hela verksamheten lades ner redan 1864. Nya odlingsförsök har gjorts under åren men klimatet är svårt att ändra på. Mullbärsträden finns kvar att se.

SVERKER EKEN PÅ VISINGSÖ

Hitta hit: Från färjelägret styr mot södra delen av ön mot borgruinen. Den finns efter vägen ca 6 km.

En rätt sorglig plats efter vägen ner mot Näs borgruin. Enligt en sägen berättas det att kung Karl Sverkersson dör år 1167 då han var på väg mot Näs etfer att ha firat skärtorsdagsmässa i Ströja kyrka (nuvarande Brahe kyrkan). Kungens lik band de fast i en1000 årig ek som stod här ända fram tills 1900 talet. Eken du ser på bilden planterades till minne av kung Karl Sverkersson 1956 av Visingsö hembygdsförening.

VÄSTANÅ SLOTT

Hitta hit: Söder om Gränna

Koordinater: 57.99" 14, 42111111

Den första privata ägaren till Västanå var Ebba Månsdotter år 1568. 1641 blev Per Brahe den yngre ägare till slottet. Självaste nutida slottet uppfördes 1590 talet.

Familjen Von Otter har ägt slottet sedan 1785 och drivs numera som hotell sedan 1948. Slottet har 21 rum. I detta slott finns det ju självklart ett slottspöke. Ett spöke som diskar de höga ölglasen på nätterna. Måste vara suveränt på ett hotell.

Västanå Slotts matrum

Det sägs även att slottet ska hemsökas av en liten pojke som gråter i slottsrummen. Ingen verkar veta vem pojken är, men det sägs att pojken känner sej övergiven av sina föräldrar. Tjänstefolket på slottet har sett något märkligt i fotogenlampornas sken. De säger att en svart hand har

setts öppna en dörr. Efter den händelsen vågade ingen gå på slottet på kvällarna utan att ha med sej belysning. En natt då friherren Rolf Von Otters farfar sov i rum nummer 1, han väcktes mitt i natten av en hund som gnydde vid sängkanten. Hur hunden kom dit eller vems hunden var är det nog ingen som vet.

RÖTTLE BY

Hitta hit: 3 km Söder om Gränna.

En genuin kulturhistorisk miljö med trähusbebyggelse från 1700 – 1800 talen.
Röttleån som rinner rakt igenom den lilla byn benämndes för som rytande forsen.
Äldsta belägget på namn och kvarnar lär vara 1279. Fallhöjden är på 108 meter.
När Per Brahe den yngre blev ägare till Västanå slott 1641 ingick Röttle by. Här
anlade då Per flertalet verkstäder som bland annat Smålands

första pappersbruk, vapensmedja, kopparslaghammare, sågverk mm. Under Pers tid var 6 mjölkvarnar igång och nu idag finns 2 av dessa kvar. De röda stugorna i byn bodde hantverkarna. 1750 anlades ångbåtsbryggan.

Rytande forsens vattenfall

I Röttleån finns det laxöring och harr. De leker i ån. Längs ån har flera kvarnar legat.

GAMLEBY TROLLPARK

Hitta hit: Gamleby utanför Västervik

Koordinater: 57 905025, 16 411127

Jerzy Przbyl alias Jan Pol har skapar alla de magiska figurerna som är runt omkring stigen ca 300 m uppför berget. Turen avslutas med fantastisk utsikt över Gamleby.

Det är skulpturer i betong som är hämtade ur lokala sägner som troll, älvor, vättar, drakar och många mer figurer. Glöm inte att titta noga kring stigen.

ÅRYDS BRUK

Hitta hit: ett par mil öster om Växjö

Koordinater: 56.824832, 14.984595

Brukets anor går så långt tillbaka som till mitten av 1600 talet.

Dåvarande ägaren Nils Rosenkvist år 1644 fick då kontakt med holländaren Arnold De Rees på Huseby. De Rees hade år 1643 fått kungligt privilegium att anlägga ett järnbruk i Småland.

År 1823 såldes Arys bruk för 40 000 riksdaler till bergsrådet Johan Lorentz Aschan.

Han rev då dåvarande herrgård för att bygga en ny till sin äldsta dotte år 1828.

År 1885 lades järnbruket ned och gick över till bla. Till skogsbruk.

1911 arrenderades lokalerna ut till fabrikör Oscar Nelson från Hovmanstorp.

Som mest hade glasbruket ett trettiotal anställda med redan 1921 gick glasbruket i konkurs.

Herrgården är privat och blev byggnadsminne år 1977.

KRONOBERGS SLOTTSRUIN

Hitta Hit: en halvmil norr om Växjö vid Helgasjön.

Koordinater: 56.940706, 14.795279

Under

medeltiden var ruinen en biskopsborg och ett av fyra slott vid Sveriges dåvarande södra gräns som skyddade landet mot danskarna. Borgen överlämnades under reformationen till Kung Gustav Vasa. Detta tyckte inte smålänningarna om för Gustav Vasa hade infört otroligt höga skatter.

Men år 1542 intog Nils Dacke slottet och styrde upproret mot Gustav Vasa. Men redan 1543 slogs upproret ner och än en gång intog Gustav Vasa borgen tillsammans med sina söner och gjorde om Kronobergs slott till ett befästningsverk.

Sista gången borgen tjänstgjorde som gränslöst var 1612 vid en dansk belägring. Många av stenarna i slottet togs i återbruk till nya byggnader inne i Växjö och kvar finns endast en ruin som är stängd pga rasrisk.

1542 intog Nils Dacke slottet och styrde därifrån det upproriska Småland mot Gustav Vasa. Redan året därpå slogs upproret ner och Gustav Vasa och hans söner tog över borgen och gjorde Kronobergs slott till en befästningsborg.

Gustav Vasas Kronoberg hade tre funktioner: dels en militär funktion att försvara gränsen mot Danmark, dels en polisiär funktion att vakta smålänningarna och undvika ett återkommande uppror samt att samla in skatt. Dessa funktioner

framgår av de cirka 7 000 arkeologiska fynd som har gjorts vid utgrävningarna av Kronberg.

Sista gången som slottet tjänstgjorde som gränsfäste var 1612 vid en dansk belägring, och slottets funktion som gränsförsvar upphörde i mitten av 1600talet. Istället började sten tas från slottet för att användas som byggnadsmaterial inne i Växjö. Det som en gång hade varit ett mycket viktigt och ståtligt slott förvandlades nu till en ruin.

Framförborgen låg stallarna.'

BRAHES LUSTSLOTT BRAHÄLLA

Hitta hit: ta Lv 133 mellan Gränna och Tranås. Vid Adelöv sväng av mot Lekeryd. Kör ca 4 km. Naturstigen till själva ruinen är ca 1,5 km och är inte handikappvänlig.

Koordinater: 64, 2793, 48,3781

Greve Per Brahe den yngre valde själv platsen för sitt slott. Högst upp på klippan med utsikt över sjön Noen.

Sommaren 1680 murades väggarna och året därpå lades spåntaket.
Från början var slottet rödmålat. Det var nog inte storleken på slottet som skulle imponera utan den vackra utsikten över sjön. Själva slottet bestod av en källarvåning, sal, hall och tre små kammare. Och på taket byggdes en altan. Där var det säkerligen tänkt att sitta och njuta av solnedgången över sjön.

Vägen upp till slottet var stensatt.

Men redan 1680 dog greven och fick aldrig se sitt lustslott färdigt. Greven och hans fru var barnlösa.

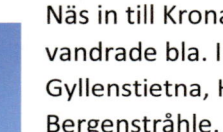

1681vid reduktionen drogs Näs in till Kronan och slottet vandrade bla. I adelsätterna Gyllenstietna, Horn, Nathorstoch Bergenstråhle.

Ur en dombok från 1795 står det att bönderfrån Skog stal tegel från ödehuset och ställdes inför rätta av säteriets ägare Per Ribbing.

1803 var slottet fortfarande intakt men nåt år före 1857 blåste taket av och segla över sjön.'

RUNKESTENEN

Hitta hit: ca 2 mil från Vimmerby. Kör mot norr på Mariannelundsvägen. Parkera vid elskåpet på vänster sida av vägen. Korsa vägen och gå några hundra meter på Seveleden och följ anvisningarna på skylten kulturminne.

Koordinater: 57.375912, 15.363734

Den stora stenen är ca 5 meter hög, 4 meter bred och 10 meter lång och av vissa forskare ansedd som jordens största flyttblock som kan sättas i guggning medvhjälp av dina händer.

En folksägen berättar att det var jättekvinnan Kåra, som i ilskan över att blivit störd av kyrkklockorna kastade en sten från "Harekulla höjd" i grannsocknen

Pelarne mot Rumskulla kyrka. Vid kastet sprack stenen ena halvan vid Krogstorp i Pelarne andra halvan – – här på bergknallen Rumskulladalens mot söder. Enligt skall Kåra en gång

och den hamnade

och den Runkesten i utlöpare sägnen komma

tillbaka och förgöra den som välter Runkesten från sin plats.

Skåne

Balkåkra Kyrkoruin

Hitta hit: Snårestadsvägen 8, 271 93 Ystad

Koordinater 55447101, 13,716048

Kyrkan byggdes på 1100–1200 talet. När Carl Von Linne besökte kyrkan under sin skånska resa 1749 så tyckte han att kyrkan var liten och täckt.

I slutet av 1700-talet var kyrkan i mycket dåligt skick, och ägarna till Marsvinsholms slott ville bygga en ny och större kyrka till församlingen. industrimagnaten

Eric Ruuth var den som drev projektet som var uppfinnaren av herrgårdsosten. Men hans ekonomi sjönk till botten och Marsvinsholms kyrka hann aldrig byggas innan Eric dog 1820. Eric blev den sista att begravas i Ruuthska gravkoret. Kyrkan övergavs helt året 1867 och gravvalvet murades igen. Samma år invigdes Marsvinsholms kyrka.

Ingången till Greve Eric Ruuths familjegrav.

ALES STENAR

Hitta hit: Ales stenar, 271 78 Löderup

Koordinater: 55.382440, 14.054728

Skeppssättningen består av 59 stående stenar, som var och en väger runt 5 ton.

Hela skeppssättningen är ungefär 67 meter lång och 19 meter bred och är Sveriges största bevarade. Den står 32 meter över havet på Kåsehuvud, med utsikt över den branta kusten och Bornholm. Skeppssättningen uppfördes under vendeltiden, men begravningar kan också ha ägt rum på platsen

tidigare under järnåldern. Det kan ju även vara en solkalender men ingen som är i livet idag vet nog riktigt säkert varför dessa stenar placerades här.

TOSTERUP SLOTT

Hitta hit: Tosterups Gård, Tomelilla

När slottet kom till var nog runt 1500 talet med tre våningar. Byggherren var Tage Axelsson Brahe.

Men under alla dessa 700 år har fler byggt till och gjort om.

Numera är nog slottet mest känt som inspelningsplatsen för kockarnas kamp från tv 4.

Nu kan du besöka ett av slottets uthus och köpa slottets äppelmust och cider.

Astronomen Tycho Brahe bodde här i sin ungdom

Vallgraven och bilder på de deltagande i kockarnas kamp.

Alunbruket med kaffestugan

Hitta hit:

Brösarp. Ta av från väg 19 vid Eljaröd och följ skylten med kaffekopp i ca 5 km.

Självaste kaffestugan byggdes i början av 1700 talet till brukets arbetare. På 1930 talet öppnade Hilda Nilsson kaffestugan med hembakat. Nu drivs kaffestugan i fjärde generationen. 10 år i rad har cafét kommit med i White Guides urval av Sveriges bästa caféer. Caféet är även Skånes äldsta.

Själva Alunbruket finns inte många rester kvar av förutom några röda högar som ligger synbart.

Christinehofs slott

Hitta hit: 3 mil nordväst om Simrishamn. Kristinehov Kronhjorten 10@ Brösarp

1637 startade Joachim Beck Alunbruket. Han drömmen gång att det skulle göra han rik. Han dog rätt fattig och hans ättlingar ärvde bruket. Av ättlingarna köpte Christina Piper Alunbruket. Hon var änka efter Carl Piper som 1716 dog efter sju år i rysk fångenskap.

Under Christinas ledning av Alunbruket blev det Nordens största industri och Andrum blev Skånes största industriort. Joachim Beck hade ett korsvirkeshus som då nästan var ruiner. Georg Mocheltan fick uppdraget att göra ritningar för ett slott. Det stod färdigt 1740.

Nu hålls guidade visningar i slottet och ett café för de fikasugna och en Slotts bod.

En bit längre bort ligger gamla Alunbruket och cafestugan.

Christineholms slott

GRISLÖVSHAMMAR

Hitta hit: mitt i mellan Brantevik och Skillinge.

Koordinater: 55.487184, 14,317004

En liten liten fiskeby vid havet. Här finns knappt 15 hus längs en mindre väg. Längst ut finns en hällkista med ringmur och gravhög från vikingatiden. Men just här på Österlen finns sandsten, kalksten, lerskiffer och flinta.

På uddens strand fanns förr en kalkugn där man brände till kalk. Men för att mala säden behövdes kvarnar och efterfrågan på kvarnstenar ökade.

Så här i strandkanten höggs kvarnstenarnas lagom tjocka skikt. Först höggs en ränna med pikhacka runt den blivande formen. Kvarnstenen höggs sedan loss med hjälp av järnkilar i små hål i underkanten så stenen sprängdes loss. Efter stenen lossats påbörjades finarbetet.

Det blev ingen succé då importen av stenar tog över. I mitten av 1870 talet lades stenbrottet och stenhuggeriet ner men spåren finns kvar än idag att beskåda.

Nu finns det bara rester kvar sen tillverkningen av kvarnstenar.

De tror att änd stenarna till Ales stenar togs här och fraktades med båt till

Kåseberga.

LARS DUFVAS RASTPLATS VID OSBY

Hitta hit: Norra infarten till Osby

Koordinater: 56°23'37.2, 14°02'09.8

Alla Har vi varit barn en gång i tiden. Vid denna rastplats står en hög Brio leksak som ser glad ut när all trafik kommer åkandes förbi

PRÄSTENS BADKAR

Hitta hit: Häradsuddsvägen 7, 272 95 Simrishamn.

Prästens badkar ligger på klipporna strax söder om byn Vik på Österlen. Följ skyltarna genom byn, så kommer du till en liten parkering. Från parkeringen är det bara några hundra meter att gå till Prästens badkar. Gå längst ut mot havet på klipporna och följ klipporna söderut. Men ha ordentligt på fötterna.

Formationen är troligen en så kallad sandvulkan som bildats då en artesisk källa som har trängt upp vatten på en havsbotten för omkring 500 miljoner år sedan. Innan sanden hårdnat helt till sten har vulkankäglan kollapsat ner i sig självt.

Enligt sägen har en mycket storväxt präst använt denna formation som sitt badkar, men när man ser formationen med de vassa kanterna verkar det inte troligt.

Gotland

HÅNGERS KÄLLA

Hitta hit: Från Visby ta väg 148 mot Lärbro. Följ skyltarna.

Att åka hit till Hångers källa kan vara nyfikenhet för flera saker.

Åren 1692 till 1709 var Israel Kolmodin biskop på Gotland och kyrkoherde i Lärbro. Det sägs att på midsommardagen år 1693 kom biskopen hit för att hålla mässa i Ganns kyrka som nu ligger öde och i ruiner. Här vid denna källa satt

Kolmodin och inspirerades till att skriva psalmen: Den blomstertid nu kommer. Psalmen fanns med i psalmboken år 1695. Ja den har nog de flesta sjungit på en skolavslutning.
Numera samlas det mygg där vid källan.

Men källan döljer fler sägner som att vattnet har en föryngrande effekt och på andra sidan gör vattnet folk galna. Vilken sidan vattnet får man själv prova om det finns någon sanning i sägnen

Men ni kommer finna minnesstenen över Biskopen Kolmodin.

GANNS ÖDEKYRKA

Precis ett stenkast bort finner ni Ganns ödekyrka. Passa på att gå in i ruinen och sjung Den blomstertid nu kommer. Det sägs att kyrkan byggdes på 1200 talet och den övergavs på 1500 talet.

GALGBACKEN

Hitta hit: Från Visby kör du norrut på väg 149. På vänster sida kommer den. Gatan heter Lummelundsväg.

Koordinater: 57.65042, 18,30748

På denna plats avrättades människor på 1400 talet. Troligen byggdes denna redan på 1200 talet. Träbalkar satt fast upptill på stenpelarna och i balkarna satt krokar där snarorna hängdes.

Under stod den dödsdömde på en stege som sen puttades bort. Dödsstraffet skulle vara avskräckande och därför skulle döden vara utdragen och plågsam.

Under medeltiden var avrättningar offentliga tillställningar.

Sista gången denna galge användes till avrättning var av hattmakaren Anders Johan Hasselberg år 1845. Anders Johan blev dömd för mord och enprocentare. Alla nådeansökningar avslogs.

Denna galgbacke är unik för det är den enda stående galgbacke i hela Skandinavien.

Enligt nutida undersökningar i marken av skelett verkar de flesta ha halshuggits med yxa och några med svärd. Det har hittats rester av väldigt många människor här. De har bränts efter halshuggningen och de var främst kvinnor. Även kistor har hittats nergrävda med omsorg.

Deras avhuggna huvud var placerade i kristlig riktning och en har hittats som fått en hand avhuggen. De båda blev avrättade med svärd som antas vara högre beståndspersoner men ska också ha fungerat som en sorts nåd. En av de personerna kan även ha varit Borgmästare 1342 som blev av med sitt huvud.

Platsen är väl synlig från havet.

Nu är det naturreservat här med fantastisk utsikt.

TROJABORGEN

Hitta hit: St.Göransgatan 31

Koordinater: 57.65253, 18,30714

Precis nedanför galgberget finns denna trojaborg. Det är en stenlagd labyrint. På Gotland finns flera men denna är nog den äldsta än de flesta som byggdes på 1800 talet.

Enligt en sägen ska en flicka hållits fången i rövarhålan som ligger i berget ovan (eller nedan galgberget). Flickan var dotter till en sjörövare och hennes far var välbärgad och en dag blev han fångad och avrättad. Dottern ärvde rikedomarna som sägs ha kommit från sjöröveri. Men de tog dottern tillfånga och dömdes till döden, hennes ärvda rikedom tillföll då statskassan. Innan domen verkställdes la sjörövardottern ett anbud till stadens rådsherrar: ifall de skulle benåda henne skulle hon lägga en stenformation så speciell

så folk skulle komma för att se den. Rådsherrarna gick med på det men hon fick bara lägga en Sten om dagen. När halva stensättningen var klar kom rådmännen tillbaka och de blev så nöjda att hon blev benådad och fick göra klart den. Därefter fick hon tillbaka sin förmögenhet och bosatte sej i Visby

BRÖDSTENEN

Hitta hit: Västerhejde utanför Kneippbyn, efter vägen

Den här stora stenen är ett flyttblock från inlandsisen som försvann för 10 000 år sedan. Blocket är 4,5 m långt och 3,5 m i bredd och höjd. Vid denna Sten sitter en skylt från Västerhejde hembygdsförening som berättar vad Birgitta Wiman upplevde i sin barndom.

- Vi barn funderade på hur det skulle vara att få stenen vända sej,

så med några nybakade bullar i en påse cyklade vi det fortaste vi kunde upp mot sten. Men innan vi hann fram hade bullarna kallnat och stenen låg stilla, så vi mumsade i oss bullarna och cyklade hemåt. Det var en gammal sägen som sa att så fort stenen kände lukten av nybakat bröd så vände sej stenen.

SUNDRE KASTAL

Hitta hit: Från Visby ta väg 142 och kör mot Sundre kyrka. Tornet syns från vägen.

Sundre kastal är helt byggt i sandsten på 1100 talet. Högst upp på kullen tronar tornet som är 18 m högt och är 12 m i diameter. Väggarna
   är hela 2,5 tjocka. Tornet byggdes som skydd mot hedningar från Öster. Tornet har få ljusgluggar och porten in ligger hela 5 m ovanför marken så för att komma in fick de använda stege. Nu idag finns en port i marknivå. Kastalen har tre våningar med bevarad kupol. En trappa i själva muren leder upp till försvarsplattformen på taket och resterna av en vaktkur och bröstvärn syns rester av.Norr om Sundre kyrka ligger gården Vännes. En skröna berättar om gården att året innan Valdemar Atterdag intog Gotland och slaktade folk år 1361 så var han runt på Gotland för att spana. Men Gutarna anade ord och försökte ta Valdemar, men när de nästan var ikapp han så gömde sej Valdemar under kjolen på en piga från Vännäs. När sen danskarna besegrade gutarna år 1362 och plundrade på Storsudret så satte pigan enligt löfte från Valdemar upp ett märke på gården så den skulle sonas och därav fick gården sitt namn.Enligt sägen så belägrade Valdemar Atterdag med sina män kastalen när han var på sitt härjningståg år 1361, när folket i trakten sökt skydd i kastalen.

HOBURGSGUBBEN

Hitta hit: Hoburgen, Burgsvik

Koordinater: 56.92256, 18.1294

Ett jättevanligt turistställe att se " gubben" den 35 m höga rauken med sin röda näsa som kallas Hoburgsgubben. Själva stenen är av revkalksten.

Precis nedanför Hoburgsgubben finns det några stensättningar som är gamla gravhögar samt flera grunder från fiskebodar mm.

En sägen säger att den gode Hoburgsgubben som skänkte tio tjänsteandar till en olycklig ung bondhustru vid Fridarve i Vamlinbo. Från sina salar som låg under jord hade gubben hört att den unga kvinnan hade problem och han ville hjälpa henne.

Så prova att prata med Hoburgsgubben och se vad som händer.

TJELVARS GRAV

Hitta hit: Boge i i Slite

Koordinater: 57.62786, 18.73253

Det är en skeppssättning från yngre bronsåldern 1100–500 f. Kr.

Hela skeppssättningen är hela 18 m och 5 m bred. Det ligger några stenar inne i skeppssättningen om de ska vara där eller inte får man forska vidare om.

1938 talet renoverades skeppssättningen och då fann man i öster en tom kista av stenhällar med rester av brända ben och krukskärvor.

Sägnen från guta sagan säger att Gotland fann först en man som hette Tjelvar. Då var Gotland så förtrollat, att det om dagarna sjönk och om nätterna stod uppe ovanför vattenytan. Men denna man bar först eld till landet och sedan sjönk det aldrig igen". Så börjar den gamla Gutasagan, som nedtecknades någon gång på 1200-talet.

När de första människorna kom till Gotland vet man inte. Det äldsta skelett som hittills påträffats är efter en man som levde här för cirka 8 000 år sedan. Genom sagorna vet vi att man under vikingatiden använde eld för att begränsa ett landområde. Ingen fick ta ett större område än han tillsammans med sina män kunde bränna av på en dag.

Nästan precis granne finns det två fornborgar men spåren efter dom är inte

stora.

LICKERSHAMNS RAUKAR

Hitta hit: precis innan du kör in i Lickershamn hamn på en kulle.

Det finns väl inte så mycket att säga om detta raukområde mer än att ta med ett fika. Utsikten är magisk och raukarnas utseende triggar fantasin både hos vuxna och barn.